AF339513

NOTICE

SUR

L'ORIGINE

DES

BIBLIOTHÈQUES PUBLIQUES

DANS LA VILLE DE STRASBOURG.

NOTICE

SUR

L'ORIGINE

DES

BIBLIOTHÈQUES PUBLIQUES

DANS LA VILLE DE STRASBOURG.

❧❀☙

STRASBOURG,
DE L'IMPRIMERIE DE FRÉDÉRIC CHARLES HEITZ,
IMPRIMEUR DU SÉMINAIRE PROTESTANT.
1844.

NOTICE

SUR

L'ORIGINE

DES BIBLIOTHÈQUES PUBLIQUES

DANS LA VILLE DE STRASBOURG.

I.

Origine de la bibliothèque de l'ancienne Université protestante, appartenant aujourd'hui au Séminaire protestant.

La réformation créa dans la ville de Strasbourg une bibliothèque publique : résultat de la renaissance de la vie intellectuelle, la réforme religieuse a dû s'entourer de tous les moyens propres à la soutenir et à la développer. Le fondateur de cette bibliothèque fut Jacques Sturm de Sturmeck, qui en provoqua l'établissement dès 1531. Depuis, cette bibliothèque fut considérablement augmentée par des legs et des donations de collections particulières, provenant de savants de l'ancienne université protestante. Elle était par son origine et sa destination propriété de cet établissement, mais accessible à tous ceux qui avaient le désir d'y puiser la science, sans distinction de confession; et ce principe, le séminaire le suit encore aujourd'hui, sous une législation qui a spécialisé les propriétés des différents cultes. [1])

Par la révolution le Magistrat avait perdu le caractère de souverain que lui avait laissé en partie la capitulation, et avec lui les droits épiscopaux exercés autrefois sur les affaires écclésiastiques : la loi organique du 18 germinal an X est devenue la base de l'ordre établi par la constitution à l'égard des sociétés religieuses en France. Le législateur, en vertu des droits qui lui appartenaient, a prescrit les détails concernant la position des protestants. Par les articles organiques de l'académie des protestants de la confession d'Augsbourg, du 30 floréal an XI, il a affecté à cette académie les fondations de l'académie, le gymnase, les bourses, *la bibliothèque et les bâtiments de l'ancienne académie* (université, Art. 2.) Cette propriété ne peut donc plus être contestée, et elle ne l'a jamais été sérieusement.

1) L'université catholique, lors de sa translation de Molsheim à Strasbourg, apporta dans cette ville une bibliothèque, qui fut réunie à celle déjà existante dans le collége des Jésuites. C'est aujourd'hui en grande partie la bibliothèque du séminaire épiscopal. Elle n'a jamais été publique.

II.

Origine de la bibliothèque de Schœpflin.

Le savant Schœpflin, qui avait employé toute sa fortune à former ses collections de livres, de manuscrits et d'antiquités, augmentées par les dons considérables que lui valut sa célébrité et les services qu'il avait pu rendre par son savoir, avait formé l'intention de léguer ces trésors à la ville et au corps dont il faisait partie, à l'ancienne université protestante. C'est dans ce sens qu'il conçut son testament, écrit en 1760 et déposé entre les mains du magistrat de la ville le 28 juillet de la même année.

»Je lègue, dit-il, toute ma bibliothèque, livres imprimés et manuscrits, le cabinet d'antiquités et de médailles, avec les tableaux, monuments et inscriptions, ainsi que les camées, comme don libre, à la ville et à l'université, dont j'ai été membre pendant si longtemps : je les prie d'accepter ce don, comme l'expression de ma reconnaissance pour les preuves d'amitié et de bonté, que j'ai reçues de la ville et de l'université.«

Cinq années plus tard, le 17 janvier 1765, ayant modifié son intention, il se présenta devant le magistrat, pour lui déclarer qu'il voulait donner toutes ses collections à la patrie qui l'avait adopté, à la ville de Strasbourg, dont il avait reçu pendant si longtemps des preuves d'amitié et de bienveillance. Et il ajoute : »Aussi longtemps que je vivrai je me servirai de ma bibliothèque et je l'augmenterai : Après ma mort le magistrat aura soin qu'elle soit conservée à l'usage des citoyens et des étrangers.«

Voici le texte allemand du discours qu'il adressa au conseil des Treize; nous croyons devoir le communiquer comme un document qui caractérise l'esprit de cet homme si distingué.

»Es sind nun drei und vierzig Jahre verflossen, dass ich eine Sammlung von den besten und auserlesensten Büchern der sogenannten schönen Wissenschaften zu machen angefangen habe. Durch meine Reisen und Briefwechsel, durch grossen Aufwand Geldes habe ich endlich einen Schatz zusammengebracht, welcher Einheimischen und Fremden vielen Nutzen schafft, weilen derselbe zu allgemeinem Gebrauch täglich offen steht. Der Bibliothek habe ich auch eine Sammlung ägyptischer, griechischer und römischer, ja auch fränkischer Alterthümer beigefügt, davon ich den besten Theil in Rom zusammengebracht. Meine Arbeit über die elsässische Historie hat mich in Stand gesetzt aus den Archiven aller Stifter, Klöster und Städte eine reiche Erndte von diplomatischen alten Urkunden der fränkischen Könige, deutschen Kaiser und Herzoge, wie auch

viele Chroniken und Nachrichten zusammen zu bringen, welche vorher unbekannt und im Finstern lagen. Es befinden sich auch in meinem Haus römisch-classische Alterthümer, Säulen, Altäre, Grabmale, so in den ersten drei Jahrhunderten von den Römern aufgerichtet, und in den Gegenden, auch in der Nachbarschaft des Elsasses übrig geblieben, und von Fürsten, Herren, und andern hohen Gönnern mir verehrt worden: eine Sammlung dergleichen gewisslich keine Provinz in Frankreich und Deutschland aufweisen kann. Alles dieses und was dazu gehört, so mein völliges Eigenthum ist, verehre ich und übergebe es, als ein freiwilliges Geschenk meinem zweiten Vaterland, der Stadt Strassburg, von der, und in der ich so viele Gnad, Liebe und Freundschaft lange Jahre hindurch genossen. So lange ich lebe, werde ich gemeldete meine Bibliothek gebrauchen und vermehren. Nach meinem Tod wird ein hochlöblicher Magistrat dafür sorgen dass solche ferner zu allgemeinem Gebrauch der Einheimischen und Fremden unterhalten werde.

»Strassburg, als das Auge vom Elsass, soll dasjenige besitzen was der ganzen Provinz Nutzen und Ehr bringen kann. In dieser Stadt blühen Künste und Wissenschaften schon über zweihundert Jahr, welche Blüthe ihr in fremden Landen viel und grosse Ehre gemacht, welches ich auch auf meinen Reisen mit Vergnügen gehört habe. Dieser Ruhm wird sich niemals verdunkeln, sondern immer höher steigen

*und wachsen; eine kluge Regierung, wie diejenige
womit Strassburg beglücket ist, lässt uns nicht da-
ran zweifeln.«* [1])

1) Nous ajoutons ici la traduction de cette allocution : »Il y a
maintenant quarante-trois ans que j'ai commencé à réunir une collection des meilleurs ouvrages sur les belles-
lettres. Par mes voyages, par ma correspondance et
avec des dépenses très-considérables, je suis parvenu
à réunir un trésor, qui rend des services à nos concitoyens et aux étrangers, parce que je le mets chaque
jour à leur disposition. J'ai ajouté à la bibliothèque
une collection d'antiquités égyptiennes, grecques, ro-
maines et françaises, dont j'ai acquis la plupart à Rome.
Mes travaux sur l'histoire d'Alsace m'ont facilité la réunion d'un grand nombre de chartes émanées des anciens
rois de France, des empereurs allemands et des ducs,
ainsi que de chroniques et d'autres notices historiques
que j'ai tirés de la poussière des archives des abbayes et
des villes, où ces documents reposaient dans l'oubli.
Il se trouve encore dans la maison que j'habite, des
monuments romains, des colonnes, des autels, des
tombeaux, qui datent des trois premiers siècles de notre ère, et qui, trouvés dans notre province ou dans les
contrées environnantes, m'ont été donnés par des prin-
ces ou d'autres protecteurs. Il n'y a pas de localité, ni
en France, ni en Allemagne, qui puisse se vanter de
posséder une collection semblable. Tous ces objets, qui
sont ma propriété, je les abandonne comme don vo-
lontaire, à la ville de Strasbourg, ma seconde patrie,
de laquelle j'ai reçu pendant de longues années tant
de grâces et de témoignages d'amitié. Aussi long-temps
que je vivrai, je me réserve l'usage de ma bibliothèque,
que je ne cesserai d'augmenter; après ma mort, le

Le Préteur royal, M. Gayot avait déjà autorisé le magistrat à accepter cette donation, et le 25 Mai 1765 fut conclue la transaction suivante :

»Fut présent Monsieur Jean Daniel Schœpflin, Conseiller historiographe du Roi, Professeur d'histoire et d'éloquence dans cette ville de Strasbourg, membre de l'académie royale des Inscriptions à Paris, de celle de S. Pétersbourg, Président de l'académie électorale Palatine, lequel a volontairement reconnu et confessé avoir vendu, cédé, quitté, transporté, abandonné et délaissé en toute propriété dès maintenant à toujours irrévocablement, et promet garantir de tous troubles, dettes, hypothèques, évictions et empêchements généralement quelconques à Messieurs les Préteurs, Consuls et Magistrats de cette ville de Strasbourg, stipulans, acceptans et acquérants pour tout le corps de la dite ville et comparans par Messieurs Guillaume Jacques de Berstett,

Magistrat aura soin de la faire entretenir et administrer de manière qu'elle serve encore aux études de nos concitoyens et des étrangers.

Strasbourg, l'œil de l'Alsace, doit posséder ce qui peut contribuer au bien-être et à l'honneur de toute la province. Depuis deux siècles les arts et les sciences fleurissent dans cette ville; cet état prospère l'a rendue célèbre à l'étranger, et dans mes voyages j'en ai reçu avec satisfaction de nombreuses preuves. Cette gloire ne s'obscurcira jamais; elle augmentera d'année en année; un gouvernement aussi sage que celui qui fait le bonheur de Strasbourg, ne permet pas d'en douter.

l'un des Préteurs, Monsieur Jean George Langhans,
l'un des Consuls, Monsieur Claude François Ray-
mond Billerey, Assesseur de la Chambre des Treize,
Monsieur Elie Brackenhoffer, Assesseur de la Chambre de Messieurs les Quinze et Monsieur Philippe
Jacques Franck, Assesseur de la Chambre de Messieurs les Vingt-et-un, députés à cet effet par décret
de Messieurs les Assesseurs des dites trois Chambres,
en date du sixième May mil sept cent soixante cinq,
cy-joint et annexé, sçavoir la Bibliothèque du dit
Sieur Schœpflin existant dans la maison canoniale,
place S. Thomas en cette ville, composée de deux
mille six cent soixante et quatorze volumes in-folio,
trois mille cent quatre vingt-huit volumes in-quarto,
et quatre mille huit cent trente volumes in-octavo
et duodécimo, ensemble et en total de dix mille six
cent quatre vingt et douze volumes, plus les médailles, antiquités, curiosités et autres choses faisant
partie de la dite Bibliothèque, le tout spécifié et détaillé dans un catalogue que le dit Sieur vendeur
a représenté et dont une copie signée de lui et de
mes dits Sieurs Députés sera remise aux archives
de la Ville. La vente est faite à charge expresse de
la jouissance que le dit Sieur Schœpflin se réserve
pour sa vie durante de la dite Bibliothèque et des
dites médailles, antiquités, curiosités et autres choses
présentement vendues, et dans le cas qu'il ferait
encore dans cette bibliothèque quelques augmentations en livres, ou quoique que ce soit, le tout sera

compris dans la présente vente et sera porté successivement dans le susdit catalogue, à mesure que le dit Sieur Schœpflin en fera l'acquisition à titre d'achat ou autrement, le dit Sieur vendeur en faisant dès à présent vente et abandon à mes dits Sieurs du Magistrat ce acceptant par les dits Sieurs Députés. La présente vente est faite en outre pour et moyennant deux mille quatre cents livres de rente viagère que la ville de Strasbourg payera au dit Sieur Schœpflin annuellement, et dont le premier payement échoira au premier Janvier de l'année prochaine mil sept cent soixante dix, jusqu'au décès du dit Sieur vendeur, et pour lors cette rente viagère sera et demeurera réduite à mille livres pour et en faveur de la Demoiselle Sophie Elisabeth Schœpflin, sa sœur, à laquelle à ce présent et acceptant, le payement des dits mille livres se fera aussi annuellement, tant qu'elle vivra, et cette pension de 2400 livres pour le Sieur vendeur, ou de mille livres pour la Demoiselle, sa sœur, sera acquittée par la recette générale de cette ville, dite Pfennigthurn, toujours exactement, régulièrement, et sans retard et sans aucune retenue des vingtièmes, ni autre déduction, ni diminution pour quelle cause ou raison que ce soit. Déclarant le dit Sieur Schœpflin, qu'il fait la présente vente au prix de la susdite pension viagère non seulement pour donner à mes dits Sieurs du Magistrat une marque de sa reconnaissance des bienfaits qu'il a reçus de cette ville, mais encore et notamment pour s'assurer que cette Bibliothèque qu'il a formée avec tant de soins, ne sera pas divisée, mais sera conservée en entier, suivant ses vues, pour procurer à la jeunesse, et à ceux qui désirent cultiver les sciences en cette ville une ressource pour les instructions qu'ils voudront y puiser. Et pour l'effet des présents le dit Sieur Schœpflin, vendeur, s'est démis, désaisi et dévêtu de la propriété de sa dite Bibliothèque avec ce qui en dépend et ce qui y a rapport, tel que le tout est détaillé dans le susdit Catalogue, au profit et en faveur de cette dite ville de Strasbourg, à laquelle il en a fait la tradition symboliquement par la remise du susdit Catalogue et des clefs entre les mains des dits Sieurs Députés, pour la dite Bibliothèque avec les augmentations qui pourront y être faites, appartenir dès à présent en toute propriété et irrévocablement à mes dits Sieurs du Magistrat, et à cette dite ville de Strasbourg, le dit Sieur vendeur ne s'en réservant que la jouissance pour sa vie durante, laquelle jouissance sera au moment de son décès réunie et consolidée à la propriété au profit de cette dite ville. *Et pour assurer dès ce moment la possession de cette Bibliothèque à la ville de Strasbourg sous l'autorité du Magistrat et s'y maintenir, il a été convenu que le dit Sieur Schœpflin présentera le Bibliothécaire, chargé de veiller sous lui à la conservation de la dite Bibliothèque, lequel Bibliothécaire serait assermenté par devant Messieurs du Magistrat.*

Enfin le dit Sieur vendeur ayant fait cette vente principalement pour avoir la satisfaction d'assurer la
conservation de la dite Bibliothèque, il renonce pour
lui, ses hoirs et ayants-cause, à tous les bénéfices,
privilèges et exceptions qui pourraient y être contrai-
res, voulant que le présent contrat soit exécuté suivant sa forme et teneur, pour que ses vues pour
le progrès des sciences et pour le bien public soient
remplies. Car ainsi le tout a été convenu, obligeant
etc., renonçant etc., fait, lû, passé et signé le vingt
cinq Mai mil sept cent soixante cinq.

Signé : La Chambre des Contrats
de la ville de Strasbourg.«

La condition de présenter lui-même le conservateur pour l'administration des collections, non seulement pendant la vie du donateur, mais aussi après
sa mort, ne rencontra aucune opposition. Schœpflin présenta un de ses élèves les plus distingués,
qui devait hériter de sa gloire, en avançant les
études historiques, Ch. Guillaume Koch, alors li-
cencié en droit, un des fondateurs de l'école historique moderne. Les mêmes députés se réunirent
le 9 août 1766 pour recevoir le serment du bibliothécaire, après lui avoir conféré la commission, d'a-
près laquelle non seulement ses fonctions de bibliothécaire de la ville lui étaient garanties après
la mort de Schœpflin, mais qui lui assurait aussi
un traitement pour ces fonctions.

Schœpflin mourut le 7 août 1771. Pendant les

six dernières années il avait si bien rempli sa pro-
messe qu'il ne cesserait d'augmenter ses collections,
qu'à cette époque le nombre des volumes s'était ac-
crû à 11,425; et, pour ne laisser aucun doute sur
ses intentions à l'égard de cet accroissement, il fit
appeler la veille de sa mort l'avocat-général de la
ville, Wencker, pour lui dicter une déclaration conforme à la convention précédente. Cette déclaration
a été insérée dans le protocole du Magistrat, sous
la date du 14 août 1771.

Peu de jours après le décès de Schœpflin, le Magistrat consulta les chefs de l'université protestante
sur les mesures à prendre relativement à la bibliothèque, et après avoir discuté les inconvénients de
l'établissement d'une bibliothèque municipale séparée et les avantages qui résulteraient d'un arrangement par lequel cette acquisition serait réunie à la
bibliothèque de l'université, le Magistrat se décida
pour la réunion. Il demanda à l'université les bases
sur lesquelles cette réunion pourrait se faire et les
propositions rédigées par le corps des professeurs
le 25 septembre 1771, furent approuvées le 28 suivant par le Magistrat.

Voici le traité traduit de l'allemand :

»Comme par différents motifs le Magistrat de la
ville désire la réunion de la bibliothèque de M.
Schœpflin à celle de l'université, sauf à demander les garanties suffisantes, tant pour la conservation de la propriété municipale, que pour l'accom-

plissement du but du donateur, nous le chancelier, les scolarques, le recteur et les doyens de l'université, après avoir délibéré sur cette proposition, nous nous engageons par le présent acte, si le magistrat se décidait à la réunion de la bibliothèque de Schœpflin avec celle de l'université, à accepter avec reconnaissance sa décision en nous obligeant aux conditions suivantes :

1. La bibliothèque de M. Schœpflin et son cabinet d'antiquités, ainsi que les médailles seront réunies à la bibliothèque de l'université, mais en restant à toujours la propriété de la ville.

2. Cette bibliothèque quoique réunie à celle de l'université ne sera jamais confondue avec elle, mais formera toujours un corps séparé, désigné sous le nom de bibliothèque de Schœpflin, quel que soit l'accroissement qu'elle puisse recevoir par la suite.

3. Les deux bibliothèques seront placées sous le chancelier et les scolarques, comme directeurs délégués par le magistrat, avec la différence que le bibliothécaire désigné par M. Schœpflin et accepté et assermenté par le magistrat le 26 juin 1766, M. Koch, ainsi que ses successeurs fourniront annuellement à la chambre des Treize un rapport sur l'état de la bibliothèque de M. Schœpflin et sur son accroissement.

4. Les deux bibliothèques seront publiques; elles seront ouvertes les mardis, jeudis et vendredis : les deux bibliothécaires s'entendront sur les heures auxquelles chacun sera présent.

2

5. Nous nous engageons à fournir aux frais de l'université la salle et les rayons pour placer les livres et les antiquités, ainsi que les frais de transport; à entretenir cette bibliothèque en bon état, à l'augmenter dans la même proportion que celle de l'université, à payer à M. Koch un traitement annuel de 250 florins et à lui donner un titre convenable pour l'encourager à continuer à se vouer à l'instruction de la jeunesse.

6. Toutes les dépenses dont il est question dans l'article précédent seront fournies par la Haute-École.

7. M. Koch étant nommé et assermenté par le Magistrat en sa qualité de conservateur de la bibliothèque de M. Schœpflin, dépendra seulement du Magistrat et, sous l'autorité du Magistrat, du chancelier et des scolarques; cependant il tâchera de vivre en bon accord avec le bibliothécaire de l'université, se concertera avec lui sur les acquisitions et sera soumis à la visite semestrielle du recteur et des doyens de l'université. Après le décès de M. Koch, ou après son avancement, *son successeur, qui sera nommé par l'université, in conventu solenni,* sera subordonné au bibliothécaire ordinaire, et se contentera du traitement tel qu'il lui sera alloué.

Ont signé le chancelier, les scolarques et le recteur de l'université.

Fait à Strasbourg le 25 Septembre 1771.

François Samuel, baron de Berkheim, Stett-

meister et Chancelier ; Philippe Jacques Frank,
Ammeister et Scolarque ; François Henri Hen-
neberg, XIII et Scolarque ; Jean Philippe Bey-
ckert, docteur et professeur en théologie, Recteur.

Par décision de Messieurs des trois Chambres Se-
crètes de la ville de Strasbourg, du 28 Septembre
1771, cet acte avec tout ce qu'il contient a été con-
firmé.   Silberrad, secrétaire des Treize.»

L'université a rempli consciencieusement les stipulations de ce traité : elle a fait surbâtir une partie
de son grand auditoire, l'ancien chœur du Temple-
Neuf, pour loger convenablement la bibliothèque
dont la ville lui a confié le dépôt et qui a été ouverte au public le 31 Octobre 1772 ; elle a maintenu
la plus stricte séparation entre les deux collections ;
elle a même payé quelques continuations d'ouvrages commencées par le donateur. Conformément à
la décision des scolarques, ces volumes ont été
marqués avec la marque des livres de l'université ;
celle de Schœpflin n'était donnée qu'aux ouvrages
provenant de dons faits à cette collection. Cependant ce procédé pouvant amener une confusion de
la propriété, et les fonds de l'université étant trop
modiques pour augmenter la collection selon les
intentions du donateur, le Magistrat assignait la
somme annuelle de 1200 livres sur les revenus de
la Chambre d'économie, pour faire des acquisitions nouvelles. Quant au traitement du bibliothé-

caire, l'université s'en était également chargée jusqu'à l'époque de la nomination de M. Koch comme
son bibliothécaire en titre; M. Oberlin nommé alors
bibliothécaire en second reçut à peu près 200 fr.
De son côté M. Koch renonça à son traitement
extraordinaire, qui dépassait les ressources de l'u-
niversité, et se contenta de quelques rézaux de
froment, l'ancien traitement du bibliothécaire de
l'université : ce sacrifice lui était plus facile depuis
sa nomination à une chaire de l'université.

Aujourd'hui cette indemnité payée par la Haute-
École pour les soins donnés à la bibliothèque du
Séminaire protestant est employée en grande partie
pour acquisitions de livres; il n'est resté intacte que
l'indemnité des appariteurs.

De son côté le Magistrat accomplit avec la même
conscience la stipulation relative au bibliothécaire:
M. Oberlin fut nommé par l'*université protestante*
bibliothécaire adjoint, en remplacement de M. Koch,
promu aux fonctions de bibliothécaire en chef, ou
de l'université.

Quant à l'inspection, elle avait lieu deux fois par
an, souvent sous la présidence du Préteur royal;
M. le baron d'Autigny s'intéressait vivement à cette
bibliothèque, et son intercession lui valut des donations considérables, principalement l'allocation
des 1200 fr. susmentionnés. Dans ces réunions le
bibliothécaire faisait le rapport sur les augmentations de la bibliothèque de Schœpflin, et présentait

les comptes qui étaient arrêtés et signés sur son registre.

La révolution interrompit ces séances, ainsi que les acquisitions. La première réunion après ces temps de troubles eut lieu le 8 germinal an X. Alors M. Hermann, Maire, assisté du recteur et de trois professeurs, arrêta les comptes depuis le 20 septembre 1787 jusqu'au jour de la séance. Le 23 prairial an XIII, le même Maire arrêta pour la dernière fois les comptes sur le registre du bibliothécaire. Depuis un mode différent de comptabilité est intervenu. On sait que cette surveillance de la bibliothèque publique est aujourd'hui confiée à une commission nommée par le Maire de la ville.

III.

Formation d'une troisième bibliothèque publique.

⌐ La révolution avait amené la suppression des couvents et d'autres établissements; leurs propriétés étaient devenues propriété de l'état, et avec elles les bibliothèques qu'ils avaient possédées. Quant à ces dernières le zèle infatigable de M. Oberlin en sauva de la destruction autant qu'il était possible de sauver dans ce bouleversement général : c'est à lui que les autorités s'étaient adressées pour recueillir les collections délaissées par leurs propriétaires. Aux bibliothèques des établissements religieux étaient venues se joindre quelques-unes provenant de familles émigrées. Dans le commencement tout avait été réuni dans l'hôtel de la noblesse, (Ritterhaus); à peine installé dans ces salles, le bibliothécaire dut les évacuer, le bâtiment allant être vendu. On lui assigna pour y transporter les livres, l'ancien séminaire épiscopal, que bientôt il dut évacuer à son tour, le séminaire ayant été changé en prison. Il n'y eut que quelques chambres dans les mansardes, laissées à la disposition de M. Oberlin, qui fut obligé de transporter presque la totalité de cette bibliothèque si considérable dans les bâtiments de l'ancien collége royal, qui aujourd'hui a repris son nom. La création de l'École Centrale causa de nouveaux dérangements, et lors de la dissolution de cette école, qui fut remplacée par le lycée auquel ce bâtiment fut destiné, la bibliothèque fut de nouveau mise dans le cas de chercher un local convenable.

A cette époque ces collections étaient encore propriété du gouvernement : l'Arrêté du 8 pluviôse an XI les mit à la disposition et sous la surveillance des municipalités. C'était par conséquent le Préfet qui, par suite de cet arrêté, conjointement avec le Maire, avait à chercher un local convenable pour organiser ce dépôt. C'est ce que fit le Préfet, comme il résulte de la lettre suivante qu'il adressa au chef des institutions de l'Église protestante.

»Strasbourg, le 4 fructidor an XI.

Le Conseiller d'État, Préfet du département du Bas-Rhin au Président du Consistoire Général de la Confession d'Augsbourg.

L'établissement du lycée au ci-devant collége exige, citoyen Président, le déplacement de la bibliothèque de l'école centrale. *Occupé* du choix d'un local où elle puisse être transférée et établie convenablement, *j'ai reconnu, conjointement avec le Maire,* les ingénieurs et le bibliothécaire que le chœur du Temple-Neuf présente seul ces avantages désirables. Veuillés bien, citoyen Président, me faire connaître promptement, si de votre côté, vous ne trouvés aucun inconvénient à cette translation.

J'ai l'honneur de vous saluer

SHÉE.«

A cette demande, qui réclamait de l'académie protestante le sacrifice de son grand auditoire, qu'elle occupait depuis des siècles, et dans lequel avaient lieu ses actes publics, les distributions des prix du Gymnase etc., on répondit avec une générosité patriotique, en n'y mettant qu'une seule condition, commandée par les circonstances. Voici la réponse faite par le Président du Consistoire Général au nom de l'académie.

»Strasbourg, le 5 fructidor an XI.

Au citoyen conseiller d'État, préfet du département du Bas-Rhin,

Le président du consistoire général du Haut- et Bas-Rhin.

Citoyen conseiller d'État,

J'ai communiqué à l'académie la lettre que vous m'avés fait l'honneur de m'écrire relativement au local pour la bibliothèque de la ci-devant école centrale de cette ville.

Elle recevra avec plaisir et sans loyer cette bibliothèque en dépôt dans son bâtiment appelé le chœur du Temple-Neuf, jusqu'à ce que la ville aura trouvé un local plus convenable, où elle voudra la placer. *Mais en considérant que sa propre bibliothèque et ses cabinets sont placés dans le même bâtiment, que des fenêtres nombreuses et des portes communiquent de l'un à l'autre vaisseau, elle croit que pour plus de sûreté de ces précieux dépôts, elle puisse deman-*

der que celui, ou ceux à qui elle et le Directoire du Consistoire Général confieront la garde de la bibliothèque académique soient aussi chargés de la garde et surveillance de celle qu'il s'agit maintenant d'établir dans son enceinte ; et que l'une et l'autre bibliothèque soient ouvertes en même temps au public. Elle pense en outre que la ville prendra sur elle les frais de ce nouvel établissement et qu'elle contribuera aussi à l'entretien du bibliothécaire ; par contre l'académie se charge de faire enlever du bâtiment les effets mobiliers qui s'y trouvent. Enfin elle désire que sur un objet d'une aussi haute importance il soit passé, d'après les bases ci-dessus énoncées, une convention entre la ville et l'académie et son président, et que cette convention soit approuvée par le citoyen préfet du département.

Si ces conditions, citoyen conseiller d'État, vous paraissent justes et équitables, ainsi que l'académie l'espère, veuillez donner vos ordres en conséquence au Maire de la ville de Strasbourg.

Signé : KERN.

Là-dessus le préfet prit l'arrêté suivant :

» *Arrêté du conseiller d'État, préfet du département du Bas-Rhin, du 7 du mois de fructidor de l'an XI de la république française, une et indivisible.*

Le conseiller d'État, préfet du département du Bas-Rhin,

Vû l'arrêté du gouvernement du 8 pluviôse an

XI, relatif aux bibliothèques des écoles centrales, qui doivent être mises à la disposition et sous la surveillance des municipalités, lors de l'organisation des lycées;

La lettre écrite le 4 du présent au citoyen Kern, président du consistoire général de la Confession d'Augsbourg, pour lui demander d'après l'avis du Maire de Strasbourg et celui des ingénieurs et du bibliothécaire de l'école centrale, la faculté de déposer la dite bibliothèque dans l'emplacement appelé le chœur du Temple-Neuf;

Et enfin la réponse du président du consistoire général du 5 du dit mois;

Considérant que les travaux et réparations à faire aux bâtiments du ci-devant collége pour l'établissement du lycée, ne permettent plus de laisser la bibliothèque dans la salle qu'elle occupe au dit collége;

Considérant qu'il résulte de la réponse du citoyen Kern que l'académie luthérienne à qui appartient le Temple-Neuf, a consenti à ce que la bibliothèque de l'école centrale mise à la disposition de la municipalité de Strasbourg, soit déposée dans le chœur du dit Temple-Neuf *sans aucun loyer, mais à la charge seulement d'être confiée au bibliothécaire actuel de la bibliothèque publique de l'académie,* au traitement duquel bibliothécaire la commune devra contribuer;

Considérant enfin que les conditions proposées par

l'académie sont avantageuses à la commune et dans le sens de l'arrêté ci-dessus cité,

Arrête :

1.º La bibliothèque de l'école centrale de Strasbourg est mise dès ce jour à la disposition et sous la surveillance de la municipalité de la dite ville, distraction préalablement faite des livres qui devront composer la bibliothèque du lycée, et dont le catalogue sera remis au bibliothécaire pour opérer cette distraction.

2.º La dite bibliothèque, cette dernière partie exceptée, sera transférée par les soins du maire et aux frais de la commune au chœur du Temple-Neuf. Cette opération devra être entièrement terminée le 20 fructidor présent mois.

3.º Le maire de Strasbourg prendra au nom de la commune des arrangements avec l'académie luthérienne tant pour le payement du bibliothécaire, que *pour les conditions* du dépôt de la bibliothèque provenant de l'école centrale, qui sera rendue publique, comme l'est déjà celle de l'académie, et aux mêmes époques.

4.º Deux expéditions de l'inventaire de la bibliothèque de l'école centrale, fait d'après les lettres du préfet des 6 pluviôse et 21 ventose an XI, seront adressées à la préfecture, après avoir été signées du maire de Strasbourg et du bibliothécaire de la dite école, afin qu'une d'elles soit envoyée au ministre de l'intérieur en conformité de l'article 3 de l'arrêté du gouvernement du 8 pluviose an XI.

Signé à la minute
SHÉE.

Certifié conforme le secrétaire général de la préfecture : METZ.«

Le second considérant de cet arrêté semblait ne pas répondre tout-à-fait aux vœux exprimés par l'académie; il donna lieu à la correspondance suivante :

»Strasbourg, le 10 fructidor an XI.

Au citoyen conseiller d'État, préfet du département du Bas-Rhin,

Le président du consistoire général de la confession d'Augsbourg du Haut- et Bas-Rhin.

Citoyen conseiller d'État,

L'académie, en consentant à recevoir la bibliothèque de la ci-devant école centrale en dépôt chez elle, a cru devoir demander que celui ou ceux à qui elle et le Directoire du consistoire général confieront la garde de la bibliothèque académique soient aussi chargés de la garde et surveillance de celle qu'il s'agit maintenant d'établir dans l'enceinte de ses bâtiments. Le motif en a été qu'il y a nombre de fenêtres et de portes qui communiquent de l'un à l'autre vaisseau. Par l'arrêté que vous m'avez fait l'honneur de m'envoyer hier, citoyen conseiller d'État, vous restreignés cette faculté au bibliothécaire actuel, ce qui fait totalement manquer le but de la demande, qui n'est que la sûreté du cabinet et de la bibliothèque de l'académie pour l'avenir.

Veuillés, citoyen conseiller, faire changer cette disposition de votre arrêté et condescendre à la demande telle qu'elle a été formée. L'académie recevra le dépôt avec plaisir, *mais je doute qu'elle le fasse autrement que sous cette condition.*

S. et R.

Signé : KERN.«

Le préfet s'empressa de détruire les appréhensions de l'académie par la lettre suivante :

»Strasbourg, le 14 fructidor an XI.

Le conseiller d'État, préfet du département du Bas-Rhin au citoyen Kern, président du consistoire général du Haut- et Bas-Rhin.

J'ai reçu, citoyen président, Votre lettre du 10 de ce mois, relative à l'arrêté que j'ai pris le 7 pour la translation au Temple-Neuf de la bibliothèque de la ci-devant école centrale, mise par suite des arrêtés du gouvernement à la disposition et à la surveillance de la municipalité.

Vous m'observés que l'académie, en consentant à recevoir cette bibliothèque en dépôt chés elle, a cru devoir demander que celui, ou ceux à qui elle et le Directoire du consistoire général confieront la garde de la bibliothèque académique, soient aussi chargés de celle que l'on se propose d'établir, et Vous me dites ensuite que mon arrêté du 7 fructidor restreint cette mesure au bibliothécaire actuel,

ce qui fait manquer le but de la demande de l'académie. *Je ne trouve cette restriction dans aucune
disposition de mon arrêté, et pour ne Vous laisser
aucun doute, je ne puis que Vous déclarer, que je
trouve très-convenable et dans l'intérêt même de la
ville que les bibliothécaires de l'académie soient chargés de la surveillance de celle provenant de l'école
centrale, tant que les deux bibliothèques seront dans
l'enceinte du même bâtiment.*

J'ai l'honneur de Vous saluer.

Signé : SHÉE, avec paraphe.«

Tous ces points ainsi discutés, les autorités com-
pétentes procédèrent à la convention suivante, pres-
crite par l'article 3 de l'arrêté du préfet :

»Cejourd'hui six du mois de vendémiaire de l'an
douze, en conformité de l'arrêté du conseiller d'État
préfet du département du Bas-Rhin, du 7 fructidor
dernier, notamment de l'article trois d'icelui, portant que le Maire de Strasbourg prendra au nom
de sa commune des arrangements avec l'académie
luthérienne, tant pour le payement du bibliothécaire, que pour les conditions du dépôt de la bibliothèque provenant de l'école centrale qui sera rendue publique comme l'est déjà celle de l'académie
et aux mêmes époques; le dit arrêté interprêté par
la lettre du dit conseiller d'État préfet, du 14 fructidor dernier, adressée au président du consistoire
général du Haut- et Bas-Rhin en réponse à sa lettre du 10 précédent, lesquels arrêtés et lettres se-

ront transcrits à la suite de la présente convention, a été passée entre nous soussignés le citoyen Kern, président du consistoire général du Haut- et Bas-Rhin, comme cédant, agissant et stipulant au nom de l'académie protestante établie en cette ville d'une part, et le citoyen Hermann, Maire de la ville de Strasbourg, comme cessionnaire agissant et stipulant au nom de la commune de Strasbourg, la convention ci-après, savoir :

1.º L'académie protestante susmentionnée cède et abandonne à la commune de Strasbourg, dans la personne du Maire acceptant et stipulant, l'usage gratuit du chœur du Temple-Neuf, pour y être placée la bibliothèque de la ci-devant école centrale du département du Bas-Rhin, mise par le gouvernement à la disposition et sous la surveillance de la municipalité de cette ville, à quel effet les bancs, stalles, orgues et tribunes seront retirés du dit local, aux frais de l'académie, dans le plus bref délai possible.

2.º Le dit local restera affecté à la bibliothèque susmentionnée tant qu'il plaira à l'autorité compétente de l'y laisser et qu'elle restera à la disposition et sous la surveillance de la municipalité de la ville.

3.º La bibliothèque sera transférée et placée, et l'appropriement du bâtiment à sa nouvelle destination fait aux seuls frais de la ville.

4.º Il sera libre à la municipalité de niveler le

terrain soit en abaissant les parties élevées soit en exhaussant les parties basses, et en y faisant un nouveau dallage.

Il lui sera également loisible de ravaler les murs et d'en oter les sculptures servant d'ornements, et de faire enlever les monuments. Ceux-ci seront placés aux frais de la ville aux endroits qui seront assignés par l'académie dans l'enceinte des bâtiments du Temple-Neuf.

5.° Le renouvellement et la réparation des fenêtres se fera aux frais de la ville. Cependant les fenêtres de verres de couleur ne pourront être changées sans le consentement de l'académie.

6.° L'entretien du bâtiment sera aux frais de la ville, à l'exception de la toiture qui restera à la charge de l'académie.

7.° Les contributions, s'il en est dû, seront à la charge de l'académie.

8.° Aucun changement essentiel ne pourra être fait aux murs du bâtiment, *tel que construction de galeries ou établissement d'un étage, sans le consentement de l'académie.*

9.° Il sera loisible à l'académie de condamner et de fermer la communication actuellement existante entre le chœur et l'auditoire de l'académie.

10.° La bibliothèque de la cidevant école centrale à placer dans le dit chœur restera distincte tant de la bibliothèque de l'académie que de celle de la ville provenant de feu M. Schœpflin.

11.° *Le bibliothécaire de la bibliothèque de la ci-devant école centrale sera le même avec le bibliothécaire et ses aides nommés par l'académie pour sa bibliothèque.* La ville concourra au payement de son traitement ainsi qu'il sera réglé dès à présent par le conseil municipal sous l'approbation du préfet.

12.° *A la mort ou démission du bibliothécaire actuel de la bibliothèque de la ville et conservateur du musée de Schœpflin et de Silbermann, le bibliothécaire mentionné à l'article précédent sera le conservateur des trois bibliothèques et des dits musées.*

13.° Aussitôt que les finances de la ville le permettront, il sera construit dans le chœur un salon de lecture à l'opposite, et à la même hauteur de celui où est placée la bibliothèque de Schœpflin. Il aura communication tant avec le rez-de-chaussée du chœur qu'avec la bibliothèque de l'académie. En hiver il sera chauffé aux frais de la ville.

14.° Les trois bibliothèques seront ouvertes les mêmes jours et aux mêmes heures.

15.° La bibliothèque placée au chœur sera visitée au moins une fois par an par le chef de l'administration locale et deux membres du conseil municipal en présence du président de l'académie et de deux de ses membres. Il en sera dressé procès-verbal qui sera consigné sur les registres de la municipalité et dont copie sera adressée au préfet.

16.° Au cas que la bibliothèque fût transportée ailleurs, la ville fera remettre le tout en l'état actuel autant que cela sera jugé nécessaire par l'académie, à quelles fins il sera fait une description exacte de cet état qui sera expédiée en double et annexée à la présente convention.

17.° Cette convention faite double et signée par les parties contractantes sera soumise à la confirmation du préfet, et icelle obtenue, consignée sur les registres de la mairie et communiquée au conseil municipal.

Faite, lue et signée à Strasbourg, le 6 vendémiaire de l'an douze de la république française.

Signé : Hermann, Maire, et Kern, Président du Consistoire Général.

Vu et ratifié à Strasbourg le cinq brumaire an douze de la république.

Le conseiller d'État, préfet du département
du Bas-Rhin,
Signé : SHÉE.

Enregistré sur les registres de la mairie au désir de l'arrêté du 20 brumaire an 12. Signé C. Barbier.«

On a dit que postérieurement à cette convention des protestations auraient été faites dans le sein du conseil municipal et insérées dans les registres de ses délibérations : l'académie protestante n'en a pas été instruite, aucune notification officielle n'a été faite, et à cette époque ces délibérations n'ont guère eu de publicité. L'académie protestante, qui a échangé ce titre contre celui de séminaire protestant, lors de l'établissement de l'académie impériale à Strasbourg, a constamment rempli les charges que lui imposait le traité. Les livres ne trouvant pas de place suffisante dans le local désigné, on a dû y ajouter encore deux salles, vacantes à cette époque, parce que, par suite des événements, le nombre des classes du gymnase n'était plus complet. Ce n'est qu'après vingt-cinq ans que l'arrangement définitif de cette partie de la bibliothèque a permis de rendre ces classes à l'enseignement qui les réclamait depuis long-temps. La cession de son grand auditoire a entraîné pour le Séminaire des frais considérables; il a du déplacer les orgues, les tribunes et les siéges et les transférer dans la salle qui sert aujourd'hui aux actes publics du gymnase, et dont l'arrangement convenable n'a pu être achevé qu'à une époque récente.

De leur côté, les chefs de la cité ont exécuté avec la même loyauté les stipulations de la convention, principalement celles qui concernent la nomination des bibliothécaires. Après le décès de M. Oberlin, le 10 octobre 1806, l'académie protestante nomma M. le professeur Schweighæuser, pour le remplacer. Cette nomination fut confirmée par le Directoire de la Confession d'Augsbourg dans sa séance du 18 octobre, et notifiée le 20 à monsieur le Maire, et nous ne connaissons aucune opposition faite contre la nomination d'un savant aussi distingué. Il a rempli ses fonctions jusqu'en 1815. Il est vrai que dans l'intervalle (en 1807) la propriété de la bibliothèque de l'ancienne université protestante, ainsi que celle des fondations concernant le gymnase, a été mise en question; mais cette discussion n'a changé en rien la position fixée par la loi; elle a dû être abandonnée, et n'a eu d'autre résultat que celui de consolider l'ordre établi.

En 1815, le 25 octobre, M. Schweighæuser déclara au séminaire protestant que son âge et ses infirmités ne lui permettaient plus de continuer ses fonctions de bibliothécaire. Alors le séminaire nomma bibliothécaire en chef M. le professeur Herrenschneider, qui dès 1813, le 13 décembre, avait été nommé par la même autorité bibliothécaire-adjoint. Dans la même séance M. Schweighæuser fils, également professeur au séminaire fut nommé aide-conservateur de la bibliothèque du séminaire et de celle de Schœpflin. Ces nominations, confirmées par le Directoire, furent transmises à monsieur le Maire de la ville, dans la séance du conseil municipal du 28 octobre elles furent agréées, et le 9 novembre suivant M. le Préfet les approuva.

Peu de jours après ces nominations arriva à Strasbourg une circulaire ministérielle, datée du 7 novembre 1815, par laquelle le ministre voulait revendiquer la nomination des bibliothécaires des villes du royaume. Le chef de la cité ne croyant pas devoir entamer une lutte directe contre cette demande, commença par s'y conformer et dressa une liste de trois candidats à proposer au ministre : non seulement tous les trois candidats étaient des professeurs du séminaire; l'autorité municipale fit plus : elle prit des renseignements sur les droits du séminaire et la position exceptionnelle de la bibliothèque de Strasbourg et les adressa au gouvernement pour arrêter son intervention dans ces nominations, intervention qui fut abandonnée plus tard, à cause de l'opposition de plusieurs grandes villes; elle n'a eu aucun effet pour Strasbourg.

Dans une nomination récente aux fonctions de second bibliothécaire, l'administration de la ville et celle du séminaire ont différé sur la forme : la personne nommée par monsieur le Maire étant la même que celle nommée par le séminaire et le Directoire de la confession d'Augsbourg, on n'a pas cru devoir s'opposer au procédé du chef de la cité, parce que la nomination faite par lui respectait les droits du séminaire.

Il y a quelque temps qu'on a voulu mettre en doute la légalité de la convention par laquelle les droits et les charges réciproques se trouvent réglés; cependant il est impossible de voir dans cet acte par lequel la ville s'est liée relativement à la nomination à un emploi municipal, une transaction portant en elle-même le caractère de nullité. Il y a une distinction à faire entre les emplois qui confèrent une délégation de la puissance publique municipale ou gouvernementale et ceux qui ne sont qu'un mandat de droit privé. L'emploi de bibliothécaire est de cette dernière espèce : il ne confère aucune délégation de l'autorité municipale; le bibliothécaire n'a pas de signature authentique. C'est un mandat ou une commission privée, gouvernée, non par le droit public, mais par le droit privé. Il ne peut donc pas être modifié unilatéralement, et si l'autorité municipale s'est obligée envers un particulier ou un corps légalement constitué, à reconnaître pour son employé la personne que ce particulier, ou ce corps aurait désignée, elle est liée par convention.

La ville en proposant cette transaction, a fait un arrangement très-avantageux pour elle, principalement à l'époque où il a été fait, et où la bibliothèque était encore à la disposition du gouvernement. ') Le Préfet qui a arrêté les bases de la convention l'a envisagée sous ce point de vue, comme le prouvent ses lettres au Président du Consistoire Général. En possession de la jouissance d'un local très convenable, l'autorité municipale a pu avec une dépense peu élevée pour le rendre disponible, donner un développement considérable à un établissement qui est un des plus distingués de notre pays.

La disposition actuelle de la bibliothèque qui honore la ville, n'a pu se faire qu'avec le temps. Les translocations successives, dont il a été question,

---

1) Le gouvernement a encore plus tard usé de ses droits relativement à cette bibliothèque en faisant délivrer aux facultés de droit et de médecine les ouvrages qui appartenaient à ces spécialités.

la dernière surtout, pour laquelle on n'avait accordé que peu de jours, ont dû rejeter cette masse de volumes dans un désordre toujours renaissant, qui épuisait même un homme comme Oberlin. Il mourut avant d'avoir pu rétablir l'ordre. D'ailleurs pendant de longues années la destination de ces collections n'était pas définitivement arrêtée. Non seulement le gouvernement prescrivait de temps à autre des restitutions, et on devait en prévoir de nouvelles, mais pendant long-temps on était aussi indécis sur le grand nombre de doubles et sur des parties entières de la bibliothèque. C'est ainsi que toute la section concernant la médecine a dû être séparée pour former la bibliothèque de cette faculté; les livres de jurisprudence, au moins les doubles, étaient destinés à la faculté de droit; plus tard 30,000 volumes ont été donnés au séminaire épiscopal, et après toutes ces distractions il en restait un si grand nombre que la place et les rayons manquaient pour un classement convenable. On n'avait garni avec les rayons apportés au chœur du Temple-Neuf que le rez-de-chaussée; mais l'article 8 de la convention prouve qu'alors déjà on songeait à la construction de galeries ou d'un étage, et qu'on voulait se réserver le droit de les établir, sauf le consentement du propriétaire du local.

Plusieurs fois les bibliothécaires en ont fait la demande, comme condition indispensable pour introduire le bon ordre dans ces trésors, ordre nécessaire tant pour la garantie de la propriété de la ville, que pour l'usage auquel la bibliothèque était destinée. Des plans ont été arrêtés par les architectes de la ville, mais l'exécution en a été remise, soit parce qu'ils ne répondaient pas suffisamment aux besoins, soit parce que les fonds de la commune ne permettaient pas une dépense considérable pour cet objet. Des constructions partielles présentaient de nombreuses difficultés, à cause de la nécessité de les lier d'une manière convenable avec les salles existantes et de les approprier au service dont était chargé un personnel peu nombreux.

Enfin l'administration municipale, convaincue de l'importance d'un classement complet de collections si riches et si utiles, s'est décidée en 1832 à faire exécuter des travaux, qui devaient donner le développement convenable à une bibliothèque aussi importante. La dépense considérable nécessitée par cet arrangement définitif ne devait pas être supportée par la ville seule : il était juste que le propriétaire y contribuât dans une certaine proportion, puisqu'une partie de ces constructions aurait été à sa charge en principe, quoique en fait il ne pût y être obligé, par la raison qu'aucun bénéfice ne devait résulter pour lui de ces arrangements : aussi la convention n'avait-elle stipulé que *son consentement, dans le cas où la ville jugerait utile d'établir des galeries.* Cependant les salles de la bibliothèque de Schœpflin et de celle du séminaire ne pouvaient pas être exclues de cet arrangement : il fallait les mettre en harmonie avec les galeries ou salles qu'on allait construire.

La difficulté fut tranchée par la cession à l'œuvre Notre-Dame des vitraux qui ornaient le chœur, et qui appartenaient au propriétaire. Suivant l'article 5 de la convention ils ne devaient être changés, sans le consentement du séminaire. Cette transaction a été critiquée à différentes reprises; mais pour la bien juger, il faut se replacer à l'époque où elle a été faite. D'abord le séminaire croit devoir affirmer que de sa part aucune proposition n'a été faite, et qu'il n'a consenti à la cession qu'à regret et après avoir acquis la conviction que les reconstructions projetées étaient incompatibles avec la conservation d'un ornement généralement admiré par les connaisseurs. A l'époque de cette cession l'art de peindre sur verre n'avait pas encore fait les progrès auxquels il est arrivé aujourd'hui,[1] et cependant le goût pour cette espèce d'ornements était déjà généralement répandu. Des étrangers avaient offert près du double du prix payé par l'œuvre Notre-Dame;[2] mais le séminaire ne se croyait pas en droit de priver la ville de Strasbourg d'un si bel

[1] L'expérience prouve que les progrès récents de cet art n'ont pas permis de fournir des vitraux à bon marché, et que c'est toujours encore une ornementation très-dispendieuse.
[2] Une estimation faite pour un Anglais en portait la valeur à 55,000 fr.

ornement. L'administration de la ville elle-même semblait avoir décidé que dans le cas d'un changement, elle en profiterait pour la restauration des vitraux de la cathédrale. Déjà sous la date du 3 juillet 1822, M. de Kentzinger, Maire, avait écrit au séminaire la lettre suivante :

»Il était question dans le temps d'un échange avec la fondation de l'œuvre Notre-Dame de vitraux coloriés, existant dans les bâtiments de la bibliothèque de la ville. Veuillez me faire connaître si rien ne s'oppose à cet échange pour qu'on puisse y donner suite. Agréez etc.«

Cette proposition n'eut pas de résultat : la ville, avant de se décider sur le prix, désirait prendre des informations auprès des personnes qui s'occupaient alors de la peinture sur verre et se fit donner des échantillons de Fribourg. La négociation, traînée en longueur, fut interrompue par la révolution de 1830.

Le 4 octobre 1832 la proposition fut renouvelée: l'autorité municipale, en informant le séminaire des projets de l'établissement d'un plancher et de galeries dans le chœur du Temple-Neuf, dont les plans lui étaient communiqués, lui proposa de consentir, non seulement à ces changements, mais spécialement à la cession des vitraux en faveur de l'œuvre Notre-Dame, parce que l'architecte de la ville, dans son rapport, avait trouvé que par ces constructions ils perdraient leur effet et seraient déplacés. On ajoutait que la cession se ferait sous la condition d'employer une partie du prix à mettre le local de la bibliothèque du séminaire en harmonie avec les nouvelles constructions. La commission nommée pour examiner la proposition, fit son rapport à la séance du séminaire du 13 novembre suivant, et il fut arrêté, que le séminaire céderait à la ville, *purement et simplement*, les vitraux du chœur du Temple-Neuf, sous la condition »que la ville se chargerait des frais nécessaires pour les constructions projetées, tant pour sa bibliothèque placée dans le chœur, que pour celle qui appartient au séminaire et dont l'arrangement serait mis en harmonie avec celui qui avait été adopté pour l'autre bibliothèque.«

L'arrêté de Monsieur le Maire, du 17 novembre 1832, donna suite à cette décision :

»Nous Maire de la ville de Strasbourg,

»Vu les allocations ouvertes successivement dans les budgets de la fondation de l'œuvre Notre-Dame, et destinées au payement de la dépense que devait occasionner le remplacement des fenêtres actuelles du chœur de la cathédrale par des vitraux coloriés;

»Considérant que l'emploi de ces crédits n'a pu avoir lieu, parce que les propositions présentées s'appliquaient à des vitraux dont les couleurs comme la facture ne concordaient pas avec les fenêtres en verre de couleur existantes déjà dans cette église;

»Considérant que le séminaire protestant offre de céder à un prix fixé à dire d'experts, une belle collection de vitraux provenant du Temple-Neuf, et dont l'encadrement comme le coloris doit se marier avec les vitraux de la cathédrale,

» AVONS ARRÊTÉ CE QUI SUIT :

» 1. M. Villot, architecte de la ville, M. Fries, architecte de l'œuvre Notre-Dame, sont nommés experts dans l'intérêt de la fondation pour procéder conjointement avec les experts du séminaire, à l'estimation des vitraux du Temple-Neuf. Il sera dressé procès-verbal de cette estimation.

» 2. Les experts de la fondation de l'œuvre remettront au Maire, en même temps que leur procès-verbal un rapport motivé sur la concordance qui a été indiquée comme devant exister entre les vitraux qu'il s'agit d'acquérir, et ceux qui se trouvent déjà à la cathédrale. «

Le rapport de Messieurs les experts de la ville fut fait le 21 novembre suivant. Ils appuyèrent leur estimation principalement des descriptions des vitraux contenus dans deux ouvrages, qui semblent mériter toute confiance, de celle qu'en a donnée Dibdin dans son *Voyage en France,* et de celle de Langlois, *Essai historique et descriptif sur l'art de la peinture sur verre;* et partant des prix de Fribourg en Brisgau, ils évaluèrent le mètre carré à 200 fr. et le total des onze croisées, mesurant 165 mètres carrés, à 33,000 fr.

Ainsi qu'il avait été stipulé, ce prix devait être affecté indistinctement aux constructions nécessaires pour mettre en harmonie les deux bibliothèques. A cet effet il n'a été changé dans la salle de la bibliothèque du séminaire que le dallage remplacé par un plancher, et la disposition des rayons, changements qui, avec quelques restaurations au plafond de cette salle et la peinture de ses rayons, sont les seuls objets des dépenses faites pour cette bibliothèque; le reste du prix des vitraux avec les matériaux de la bibliothèque de Schœpflin, les dalles enlevées de la salle du séminaire etc. a été employé aux arrangements des trois étages occupés aujourd'hui par la bibliothèque de la ville.

Nous le savons, la ville a dépensé encore une somme au moins égale au produit de la cession des vitraux; mais le total de la dépense est toujours minime quand on la compare avec les frais qu'aurait nécessités la construction d'un bâtiment neuf.

Il résulte de cet exposé, basé sur les documents, que dans tout ce qui s'est fait à l'occasion de cette construction et antérieurement on a procédé de part et d'autre en se conformant à la convention primitive de l'an XII et que le séminaire ne s'est jamais dessaisi des droits qu'elle lui a accordés.

Aujourd'hui, comme en 1771 et en l'an X, il croit devoir insister sur la convenance de charger de la garde de la bibliothèque de la ville les bibliothécaires auxquels le Séminaire, propriétaire du bâtiment et d'une bibliothèque ouverte au public dans le même local, confie la surveillance de sa propriété, à cause des communications existantes entre ces bibliothèques. Il ne peut voir aucun inconvénient à cet arrangement, puisque la position du bibliothécaire du séminaire n'est pas de nature à le faire exclure de cette charge, et que, comme bibliothécaire de la ville, il accepte toutes les conditions que l'autorité municipale croit dans son intérêt devoir lui imposer.

Quant à la question de savoir s'il y aura deux bibliothécaires, ou un bibliothécaire adjoint, le Séminaire ne la croit pas de sa compétence. Il ne demande pas qu'il y ait deux bibliothécaires, si les nécessités du service n'en réclament qu'un, mais il insiste sur l'exécution de l'article 7 de la convention de 1771, conclue pour la bibliothèque de M. Schœpflin, ainsi que des articles 11 et 12 de celle de l'an X, placées l'une et l'autre sous les garanties de l'autorité supérieure.